AF265669

10

CATALOGUE ET RÈGLEMENT

DE LA

BIBLIOTHÈQUE POPULAIRE

DE SAINT-ROMAIN-DE-COLBOSC

Installée chez M. HAUCHECORNE, Place du Marché

« Fondée avec un secours du
» Groupe Havrais de la Ligue de
» l'Enseignement, et au moyen d'une Sous-
» cription privée faite par MM. BENOIST,
« Maire, et HAUCHECORNE. *»*

PRIX : 10 CENTIMES

HAVRE

IMP. DU JOURNAL LE HAVRE (F. SANTALLIER, IMP.).

162, Boulevard de Strasbourg, 162

1878

RÈGLEMENT

DE LA

BIBLIOTHÈQUE POPULAIRE

de Saint-Romain-de-Colbosc

Art. 1er. — La Bibliothèque populaire de St-Romain est publique et gratuite. Elle est ouverte tous les dimanches, de 1 heure 1/2 à 2 heures 1/2, et les jeudis de 1 heure à 2 heures.

Art. 2. — Toute personne habitant St-Romain et âgée de quatorze ans au moins pourra emprunter des livres à la Bibliothèque.

Art. 3. — Tout lecteur, se présentant pour la première fois, devra donner exactement ses nom, prénoms, profession et domicile. Tout abonné, changeant de demeure, devra en avertir le bibliothécaire.

Art. 4. — Les livres empruntés par le lecteur, ne pourront être au nombre de plus de deux; ils ne devront rester entre ses mains plus d'un mois.

Art. 5. — Tout retard dans la rentrée d'un ouvrage prêté, est puni par une amende de 5 centimes par volume et par semaine.

Art. 6. — Les lecteurs sont responsables des livres qui leur sont prêtés; en cas de dégradation ou de perte d'un volume, une indemnité est exigée.

Art. 7. — Tout participant à la Bibliothèque devra toujours faire la demande du volume qu'il désire au bibliothécaire qui, seul, a le droit de disposer des livres et de les reprendre.

Art. 8. — La Bibliothèque est fermée : les jours de Noël, 1er Janvier, Pâques, Ascension, Pentecôte et Toussaint.

CATALOGUE ET RÈGLEMENT

DE LA

BIBLIOTHÈQUE POPULAIRE

DE SAINT-ROMAIN-DE-COLBOSC

Installée chez M. HAUCHECORNE, Place du Marché

« Fondée avec un secours du
» Groupe Havrais de la Ligue de
» l'Enseignement, et au moyen d'une Sous-
» cription privée faite par MM. Benoist
« Maire, et Hauchecorne. »

PRIX : 10 CENTIMES

HAVRE

IMP. DU JOURNAL LE HAVRE (F. SANTALLIER, IMP.).
162, Boulevard de Strasbourg, 162

CATALOGUE

DE LA

BIBLIOTHÈQUE POPULAIRE

DE SAINT-ROMAIN-DE-COLBOSC

Série **A**. — HISTOIRE.

* 1 à 5. **HENRI MARTIN**. Histoire de France.
* 6. 7. **BORDIER** et **CHARTON**. Histoire de France.
8. 9. **EMILE DE BONNECHOSE**. Histoire de France.
10. **H. BARRAU**. Révolution Française.
* 11. **A. THIERS**. Histoire du Consulat.
* 12 à 15.　　dº　Histoire de l'Empire.
16. **FEZENSAC**. Souvenirs militaires, 1804-1814.
17. 18. **L. DUSSIEUX**. Guerre de 1870-1871.
19. **FRANCISQUE SARCEY**. Le Siége de Paris, avec carte.
20. ~~J. M. DARGAUD. Histoire de la Liberté religieuse en France.~~
21. **JÉRÉMIE RISLER**. Abrégé historique des Livres de l'Ancien Testament.

Série **B**. — BIOGRAPHIE.

Série **C**. — LITTÉRATURE MORALE.

Série **D**. — GÉOGRAPHIE & VOYAGES.

Série **E**. — SCIENCES & MERVEILLES

Série **F**. — AGRICULTURE.

Série **G.** — ROMANS FRANÇAIS

25. **GEORGE SAND**. La Mare au Diable.

26. **DE PRESSENSÉ**. Rosa.

27. **E. SOUVESTRE**. Un Philosophe sous les Toits.

28.   d°   Mémorial de Famille.

* 29. **Mme COLOMB**. La Fille de Carilès.

* 30. **XAVIER DE MAISTRE**. Voyage autour de ma Chambre.

* 31.   d°   OEuvres choisies.

* 32. **ERCKMANN-CHATRIAN**. L'Ami Fritz.

* 33.   d°   Le Blocus.

* 34.   d°   L'invasion.

* 35.   d°   Madame Thérèse.

* 36.   d°   Le Conscrit de 1813.

* 37.   d°   Ligny et Waterloo.

38. **BOISSONNAS**. Un Vaincu.

39.   d°   Une Famille pendant la Guerre.

Série **H**. — ROMANS ÉTRANGERS.

Série I. — DIVERS.

1. **MISS NIGHTINGALE**. Des soins aux malades.

2. **JEAN MACÉ**. Des Serviteurs de l'Estomac.

3.   d°   Histoire d'une bouchée de Pain.

4. **VALLERY RADOT**. Journal d'un Volontaire d'un an.

 * 5. **FARADEY**. Histoire d'une Chandelle.

6. **JULES SIMON**. La peine de Mort.

7. **SMILES**. Self-Help.

 * 8. **JACQUES PORCHAT**. Trois mois sous la Neige.

9. 10. **DIVERS**. L'Illustration, année 1844.

   11.   d°   d°   d°   1845.

12. 13.   d°   d°   d°   1846.

14. 15.   d°   d°   d°   1847.

16. 17.   d°   d°   d°   1849.

18. 19.   d°   d°   d°   1855.

20. **LITTRÉ ET BEAUJEAN**. Dictionnaire Universel (abrégé du).

21. **BASTIAT**. Ce qu'on voit et ce qu'on ne voit pas.

Vu.
Rouen le 19 octobre 1878
Pour le Préfet
Le Conseiller de Préfecture
ff^{on} de Secrétaire général

IMPRIMERIE F. SANTALLIER, BOULEVARD DE STRASBOURG, 162.

CE QU'EST UNE BIBLIOTHÈQUE POPULAIRE

C'est un devoir que de rendre vraiment grand et utile tout ce qui doit appartenir au peuple.

Ceux qui organisèrent les bibliothèques populaires, étaient fidèles à cette idée en donnant à leurs concitoyens ce nouveau moyen de s'instruire. Sur les rayons de ces bibliothèques, ils ont voulu qu'on plaçât le livre populaire. N'entendez pas, par ces mots, quelque publication laide dans la forme, souvent misérable dans le fond, provocante par le titre, séduisante par le prix infime; non, ce n'est pas là le livre du peuple, c'est le mauvais livre.

Le livre populaire, c'est celui que dicta le cœur et qu'inspira le génie, celui que le père laisse sans crainte sur la table de travail et que la mère lit joyeusement avec son enfant.

Le livre populaire c'est celui que ne souille aucune parole déshonnête et que ne ternit aucun mensonge, c'est le livre du devoir et de la vérité.

Le livre populaire, ce n'est pas celui qui naît de la pensée d'un jour ou du rêve d'un instant, c'est le livre dû aux longues veilles et aux nobles travaux, c'est le livre qui résume souvent toute une vie.

Une bibliothèque populaire est celle qui renferme de semblables livres, c'est la *Bibliothèqae de Saint-Romain.*

Instruis le jeune enfant à l'entrée de sa voie, lors même qu'il sera devenu vieux, il ne s'en retirera point.

Proverbes XXII, 6.

Je suis de ceux pour qui la connaissance d'un livre peut devenir un véritable événement moral. Le peu de bons ouvrages dont je me suis pénétré depuis que j'existe a développé le peu de bonnes qualités que j'ai... Un livre a toujours été pour moi un ami, un conseil, un consolateur éloquent et calme dont je ne voulais épuiser vite les ressources et que je gardais pour les occasions favorables.

Je ne voyage sans livres ni en paix ni en guerre, c'est la meilleure munition que j'ai trouvée à cet humain voyage.

Montaigne.

Personne n'ignore que les bons livres sont l'essence des meilleurs esprits, le précis de leurs connaissances et le fruit de leurs longues veilles. L'étude d'une vie entière s'y peut recueillir dans quelques heures ; c'est un grand secours.

Vauvenargues.